Llegendes americanes

American Legends

Cary Kamarat

ISBN   978-1-62806-220-5
Dipòsit Legal: GI-257-19

Primera edició (en anglès): maig de 2019
Segona edició (bilingüe, anglès-català): març de 2020

Traducció :   Cary Kamarat
                         Mercè Juanals i Domènech
                         Lluís Casanovas i Martínez

Disseny i maquetació: Salt Water Media
                         29 Broad Street, Suite 104
                         Berlin, MD 21811

Impressió i distribució: Ingram Content Group LLC
                         1 Ingram Blvd,
                         La Vergne, TN 37086, USA

———

ISBN 978-1-62806-282-3
Library of Congress Control Number 2020909686

Published by Salt Water Media
29 Broad Street, Suite 104
Berlin, MD 21811
www.saltwatermedia.com

Dedicatòria

A la Fundació Paulí Bellet de Washington DC, que em va brindar un raconet acollidor de Catalunya quan més la trobava a faltar.

Pròleg

Llegendes americanes es basa en tradicions, llegendes, relats i passions dels indígenes americans. Tal com la poesia ameríndia es deriva i s'adapta de l'experiència dels indígenes, explorant una riquesa d'expressió dins l'àmbit d'aquesta experiència, he procurat explorar i adaptar als meus poemes algunes arrels del meu país que jo havia perdut al llarg dels anys. Com a natural dels Estats Units d'Amèrica de descendència europea, he hagut de treure el residu negatiu d'alguns elements de la nostra història per permetre que la cultura ameríndia formi part de la meva Amèrica personal.

A vegades he optat per explicar un tall particular d'una llegenda en lloc d'oferir la seva narració definitiva i completa, però sempre m'he esforçat a captar el llenguatge i els sentiments delicats de la poesia ameríndia. Dins la tradició no hi ha cap distinció ferma entre el poema, el cant i la dansa. En lloc de mètrica poètica, les paraules tendeixen a agrupar-se en alenades i en la mena de repetició que s'assembla molt a alguns passatges de la nostra Bíblia. A més, es poden emprar síl·labes sense cap propòsit lèxic més enllà de la pura delícia del so, per tal de mantenir el flux constant de la música de paraules, ritme, energia i emoció. Per descomptat que hi ha altres formes i formats que s'apliquen a la interpretació poètica de l'experiència ameríndia, i tot sovint hi ha ben poca separació del medi natural.

Les fotos en aquest llibre estan destinades a proporcionar un pla visual decoratiu que segueix paral·lel al vers. Si el lector es troba disposat a treure connexions amb la poesia al voltant, enriquint l'experiència literària, encara millor.

D'una manera directa o indirecta, aquest llibre és un producte cooperatiu. El contingut d'aquest volum bilingüe és un fruit de l'encoratjament de coneguts cordials i l'assessorament d'amics entranyables, tots els quals han estat imprescindibles per fer realitat aquest projecte d'exploració cultural. En primer lloc, desitjo expressar el meu agraïment a la Fundació Paulí Bellet, amb un esment especial de Montserrat Solà-Solé, Roser Caminals, Montserrat Gorina, i Elisenda Solà-Solé, les quals em van encoratjar a fer traduccions al català dels meus primers poemes sobre llegendes ameríndies.

El meu agraïment també a tota aquella gent que m'ha proporcionat contactes personals dintre comunitats indígenes, facilitant la meva assistència a reunions de germanor i altres esdeveniments culturals—molts records de moments màgics passats a la costa de ponent dels Estats Units amb el poble Lummi, el Joc d'Ossos, la Sagrada Pipa. També a la costa de llevant, he tingut la sort de conèixer el Cacic Jackson de l'Associació dels Nanticoc, el qual va compartir les seves sàvies lliçons sobre l'etiqueta ameríndia així com la càlida acollida del seu poble.

Gràcies als autors, poetes i altres fonts de llegendes i relats que m'han servit d'estímul, he pogut transformar sentiments i interessos en projectes de recerca i creació.

En aquest sentit, he de donar les gràcies a tots els que han contribuït a eixamplar els meus coneixements, tant els teòrics com els pràctics:

- Yankee-of-the-Turtle-Clan, per als seus relats manllevats d'una gran tradició oral.

- Els participants en l'Aliança Pachamama, arrelada en la selva de l'Amazònia, els quals advoquen i lluiten per la conservació de la terra i de les cultures indígenes arreu del món.

- George Cronyn i la seva col·lecció magnífica de poesia ameríndia [*Native American Poetry, 2006*], la qual m'ha sensibilitzat a l'esperit, la imatgeria i el ritme del cant poètic.

- GaWaNi Pony Boy, qui m'ha demostrat el lligam llegendari entre cavall i cavaller [*Horse, Follow Closely, 1998*].

- Robert Busch, per proporcionar-me un món d'informació sobre el comportament i els hàbitats dels llops [*The Wolf Almanac, 2018*].

- Dissenyadors, internautes, escriptors i poetes de *Native American Netroots* i de *First People: Native American Poems and Prayers*, per brindar-me tantes oportunitats i descobertes.

A partir d'aquest nucli informatiu i creatiu, he tingut l'avantatge de la col·laboració d'uns companys que m'havien introduït al tarannà català durant els deu anys de la meva residència a Catalunya. Gràcies a tothom que ha cregut que valia la pena publicar una edició bilingüe del meu llibre *AMERICAN LEGENDS* com a pont literari entre l'Amèrica indígena i terres catalanes. Vull fer un reconeixement molt especial a Mercè Juanals i Lluís Casanovas per els seus consells i dedicació en la tasca d'afinar les meves traduccions al català.

I a tots els lectors que participen a la creació d'aquest pont cultural— BONA LECTURA!

- Cary Kamarat

Sumari

The Lover

When I see my love,
as constant as the rocks that we have climbed
to our mountaintop,
I remember how still we laughed at playful lights
in the northern sky.

As I watch my love,
I bid the eternal spirit of the wind
carry my song,
to celebrate in feathered dance and flight
all there is to say.

When I know my love
to be longing for the whirlwind's changing power,
I find dust to scatter,
and I challenge the snowy earth or the driving rain
for I too am whirlwind.

But to live in truth
is to find control in song between knowing smiles,
as the rest we take
from our struggle can turn the mountain and our bodies
into shards of light.

When I see my love,
I begin to speak in the dappled words of the river path.
But no one must see
how soft I have become, for surely to all
I must seem to forget

the rocks and the mountain,
the whirlwind and its tears of thirst and hunger,
and our blanket
of the deepest red that we have cinched with the whitest light.
But I haven't forgotten.
          I couldn't—when I see my love.

L'amant

En veure el meu amor,
tan constant com les roques que vam escalar
al cim de la nostra muntanya,
recordo com estàvem de quiets, rient-nos dels jocs de llum
al cel nord.

Mirant el meu amor,
mano a l'etern esperit del vent
que s'emporti la meva cançó
per celebrar amb plomall de dansa i vol
tot el que es pot dir.

Quan m'adono que el meu amor
enyora la força mudadissa del remolí,
trobo pols per escampar-la,
i desafio les neus de la terra i la pluja torrencial,
perquè jo també sóc remolí.

Però per viure en veritat
cal trobar el domini en el cant entre somriures de complicitat,
com que el nostre repòs
després de la lluita pot transformar la muntanya i el nostre cos
en fragments de llum.

En veure el meu amor,
començo a parlar la llengua clapejada de la vora del riu.
Però no ha de veure ningú
com m'he afeblit, car sens dubte a tothom
deu semblar que he oblidat

les roques i la muntanya,
el remolí amb les seves llàgrimes de set i de gana,
i la nostra manta
de color vermell intensíssim, que hem cenyit amb claror blanquíssima.
Però no he oblidat pas,
        no podria pas—en veure el meu amor.

The Poet

I will speak,
for all to remember,
a breath of words—

words that echo
from love to war
war to love,
words that fight,
words that caress
the forms of a
man's own song,
words that beat and grind
against the stone
of a woman's song,
in a state of spirit and mind
arising.

In the fawn-eyed forest,
I find a song of dew
on my lips,
and flowers tossed at the moon.

I gaze out across the mesa,
and find a song
of painted ribbons
of earth and sky
that call to beloved beasts,
in the voices of rain and thunder.

El poeta

Jo parlaré,
a fi que ho recordi tothom,
un alè de paraules—

paraules que ressonen
entre l'amor i la guerra
la guerra i l'amor,
paraules que lluiten,
paraules que acaricien
les formes de
la cançó pròpia d'un home,
paraules que bateguen i s'esmolen
contra la pedra
d'una cançó de dona,
en un estat d'ànima i d'ànim
ascendent.

Al bosc d'ulls de cervatell,
trobo una cançó de rosada
als meus llavis,
i de flors llançades a la lluna.

Amb la mirada quieta, contemplo el planell,
i trobo una cançó
de vetes pintades
de terra i cel
que criden a bèsties estimades,
amb veus de pluja i tro.

Over the prairie grass,
I find a song
of flowing light and wind
and a call to the hunt.

I gaze out above the high summits,
and find a song
of heaven's high-born canyons
that spill sky and mist
to the valleys below—

and through it all

I repeat,
and repeat,
hallowed sounds that are true,
hallowed sounds that are truest
in their dance beneath the darkest
of clouds.

Sobre l'herba de la praderia,
trobo una cançó
del flux de llum i vent,
i una crida a la caça.

Amb la mirada fixada als cims més alts,
hi trobo una cançó
de canyons celestials de llinatge il·lustre
que aboquen cel i boira
a les valls dessota—

i fins al fons

jo repeteixo,
i repeteixo
els sons santificats i verídics,
sons santificats que són els més verídics
en llur dansa sota el més fosc
dels núvols.

The Sacred Pipe

Wakan Chanunpa

Woman—
bring the Sacred Pipe.
Unwrap your bundle of finest skins
that shed their tones of forest and blood,
and open to the fire-warmed ground.

Red stone—
become the pipe's smooth bowl,
eternal color of womanly strength,
blood of ancients, grace the manly
pipe-stem tree of life.

Heaven—
join with Earth inviolate
as we take up the Sacred Pipe,
stumbling to rise and walk in prayer
as we bear our joy and grief.

But what
of the dark cloud sent to summon
the dour horizon of wounded souls,
or the blackened remains of wailing children—
what of the praised black cloud?

La Sagrada Pipa
Wakan Chanunpa

Dona—
acosta la Sagrada Pipa.
Desembolica el teu fardell de pells finíssimes
que es desprenen de llurs tons de bosc i de sang,
i que s'obren al sòl escalfat pel foc.

Pedra vermella—
transforma't en la cassoleta llisa de la pipa,
color etern de força femenina,
sang dels antics, embelleix el viril
broquet de pipa, arbre de la vida.

Cel—
ajunta't amb la Terra inviolada
mentre aixequem la Sagrada Pipa,
ensopegant per redreçar-nos i per caminar resant
mentre portem la nostra joia i pena.

Però què serà
del núvol fosc que s'ha enviat per convocar
l'horitzó auster d'animes ferides,
o les restes ennegrides d'infants que gemeguen—
què serà del negre núvol elogiat?

And why
are we ever lost to an Earth
that offers no garden free for the taking,
never failing to strafe its own paradise
in the heralded battle to be?

    There is
    no need to wallow in grief,
    for those who bear the Sacred Pipe,
    for those who learn to walk in prayer,
    must know that all is Given.

But then,
are we given this taste of Heaven
to temper the blackness of the cloud,
or are we given the blackest cloud
to temper our glimpse of Heaven?

    There is
    no need to wallow in doubt,
    for those who bear the Sacred Pipe,
    for those who learn to walk in prayer,
    must know that All is given.

I per què
quedem sempre perduts per una Terra
que no ofereix de franc cap jardí,
i que no para de bombardejar el seu propi paradís
en la proclamada batalla per existir?

No cal
rebolcar-se en la pena,
car aquells que porten la Sagrada Pipa,
i aquells que aprenen a caminar resant
ja saben que tot està Proveït.

Però és que
se'ns dona aquesta anticipació del Cel
a fi de temperar la negror del núvol,
o és que se'ns dona el núvol més negre
a fi de temperar la nostra ullada al Cel?

No cal
rebolcar-se en el dubte,
car aquells que porten la Sagrada Pipa,
i aquells que aprenen a caminar resant
ja saben que Tot està proveït.

The Town Crier

All awaken to the Town Crier's voice;
his call brings the sun to the moon.
Beneath clear eyes
or a clouded brow,
his lively summons cries,
Urgent! What has come!
What will come! What is now
come to be!

Here—
an eagle-message has fallen
through abundant signs of the season:
Rejoice in the rains, and if snows are but kind
all needs will be provided!

There—
a call-to-hunt storms the prairie
and all fields that carry the sky.
Come, make arrows, come!
The buffalo rises and bounty springs
from deep in the earth once again!

And the Crier's firm steps
among chiefs and high priests
bring ritual to the realm of cause and effect,
bring order to the land of the Peaceful People,
bring tidings to the village of souls.

El Pregoner

Tothom es desperta a la veu del Pregoner;
la seva crida porta el sol a la lluna.
Sota els ulls brillants
o el front ennuvolat,
la seva animada convocatòria pregona,
Urgent! El que s'ha esdevingut!
El que s'esdevindrà! El que ara s'esdevé!

Aquí—
ha caigut un missatge d'àguila
pels senyals abundants de l'estació:
Alegreu-vos de les pluges i si les neus són tan sols bondadoses,
es proveirà de tot!

Allà—
una crida a la caça es desencadena damunt la praderia,
i tots els camps que sostenen el cel.
Apa, feu fletxes, veniu!
S'aixeca el bisó i brolla l'abundància
de nou, des del més pregon de la terra.

I els passos ferms del Pregoner
entre cacics i summes sacerdots
aporten ritual al món de causa i efecte,
aporten l'ordre a la terra de la Gent de Pau,
i porten noves al poblet d'animes.

But then—
among walls of adobe or of buffalo skin,
of wattle and daub or of glass and steel,
who will heed the freely cried news
of the Crier?

Where there is Village, there are those
who will listen and act in harmony.
Where there is Suspicion, there are those
who will listen and act in disharmony.
Where there is Resentment, there are those
who will rejoice in the failure of others.
Where there is Enmity, there are those
who will act to destroy and undo.
Where there is Fear, there are those
who will scamper, to share the news.
Where there is Sloth, there are those
who will push on through a turbid sea.

All awaken to the Town Crier's voice,
for his call brings the sun to the moon.

I llavors—
dintre murs de tova, o de pell de bisó,
de canyís, argila i fang, o de vidre i acer,
qui farà cas de la crida lliure
del Pregoner?

On hi ha Vilatge, hi ha aquells
que escoltaran i obraran en harmonia.
On hi ha Sospita, hi ha aquells
que escoltaran i obraran en inharmonia.
On hi ha Ressentiment, hi ha aquells
que s'alegraran del fracàs d'altri.
On hi ha Enemistat, hi ha aquells
que obraran per destruir i anul·lar.
On hi ha Temor, hi ha aquells
que correran com un llamp per repartir la nova.
On hi ha Mandra, hi ha aquells
que seguiran endavant per una mar tèrbola.

Tothom es desperta a la veu del Pregoner,
car la seva crida porta el sol a la lluna.

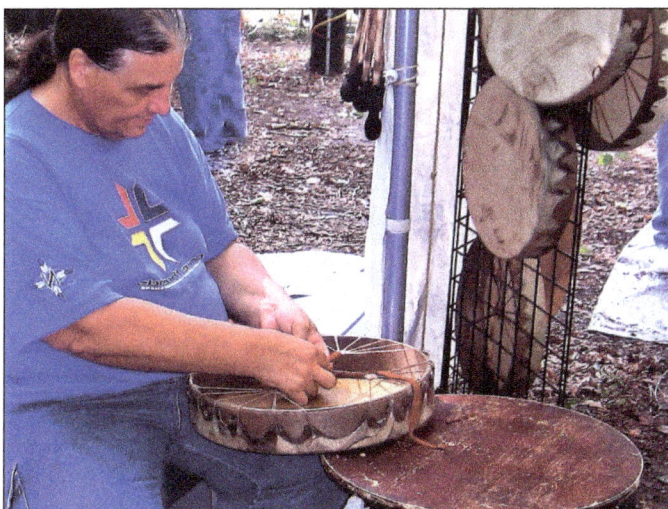

Four Spirits

Grandfather of the North, control the power of Rock
that breaks to leave its offspring all around,
that dwells in Winter's ice and snow, in our bodies,
in the clinging tree, and all that here is solid.

Grandmother of the South, control the Fire, and with it
imbue each living fiber with Summer's spirit.
Light corners where your sun-flame is unknown,
And suffer the warring tribes to mature, then grow.

Grandfather of the East, control the Wind, and through it
bring life renewed to knowledge, song, and music.
Springtime belongs to you and all your children,
who consecrate the light of new beginnings.

Grandfather of the West, control the power of Water
to soften the Divine with tears and streams of laughter.
Grant Autumn the death that harbingers rebirth,
and to blood the healing rain that dreams of earth.

Quatre esperits

Avi del Septentrió, controla el poder de la Roca
Que es trenca deixant la descendència tot a l'entorn,
Que habita en el gel i la neu de l'hivern, en el cos,
En l'arbre aferrat i en tot el que aquí és sòlid.

Àvia del Migdia, controla el Foc i amb ell
Infon a les fibres vives l'esperit de l'Estiu.
Il·lumina racons on ta flama solar es desconeix,
I permet que madurin les tribus guerreres, i que creixin.

Avi de l'Orient, controla el Vent i per ell
Renova la vida a la música, el cant, el coneixement.
La primavera pertany a tu i a tots els fills
Que consagreu la llum de nous començaments.

Avi del Ponent, controla el poder de l'Aigua,
Per tal d'ablanir la Deïtat amb llàgrimes i rialles.
Atorga a la Tardor la mort que presagia renaixença,
I a la sang la pluja guaridora que somia la terra.

Howling Wolf

Lone Wolf that raises the high howling skies
Run the bright trail of the long Milky Way
Run your Wolf Trail and down Northern Lights
From the Spirit World come, cover-the-ground, away.

Cover-the-ground, then rest and let Sleeping Wolf stand
Let the dawn and the scent of Earth fill heart and soul
Once sent to discover the far reaches of land
Cover-the-ground as Creation still dares to unfold.

Human eyes of gold ember turned green in the night
Avatar of the East and of those you adore
Tease the day, pierce the darkness, spawn of worship and fright
Men have begged your forgiveness, men have envied your war.

Wolf-in-the-Water, teach Woman to howl
Howl of joy and of mourning, of alarm wild and deep
In a harmony of discord, cover ground to devour
All of space across prairie and hill green and steep.

Lone Wolf, when you dream gray and white, red and black
And a memory twists your soft face to a scowl
For the loss of companions of your own rainbow pack
Surely joy that is lost is a reason to howl.

Cover-the-ground, cover-the-ground
Where does the world end?
Cover-the-ground, Lone Wolf
Cover-the ground.

Llop udolant

Llop Solitari que alces el gran cel udolaire
Corre pel rastre brillant de la llarga via làctia
Corre pel teu rastre baixant per l'aurora polar
Vine del Món dels Esperits, cuita camí, marxa.

Cuita camí, llavors descansa, i que s'aixequi el Llop-que-Dorm
Deixa que l'alba i l'aroma de terra omplin ànima i cor
Fa temps que t'enviaren per descobrir fins on arribava la terra
Cuita camí com la Creació encara gosa desplegar.

Ulls humans de caliu d'or que es tornen verds a la nit
Avatar d'aquells que tu adores i avatar de l'Orient
Fes burla del dia, fen la foscor, progènie de culte i espant
Els homes t'han enveja la guerra, i el perdó te l'han suplicat.

Llop-a-l'Aigua, ensenya a la Dona a udolar
Udols d'alegria i de dol, d'alarma salvatge i profunda
Amb una harmonia discordant vés molt lluny devorant
Tot l'espai per la praderia, pel turó verd i costerut.

Llop Solitari, quan somies vermell, negre, blanc i gris
Amb el rostre suau enfadat, contret per un record
Per la pèrdua dels companys de la teva llopada arc iris
Per la pèrdua de l'alegria, ja tens raó d'udolar.

Cuita camí, cuita camí
On s'acaba el món?
Cuita camí, Llop Solitari
Cuita camí.

Light

Kunakwat, lowat, nuchink

Long ago,
the Creator dwelled in silence and peace,
but without Creation.

Then a vision came to bring the unseen:
a sun and stars, a moon and Earth,
good-natured valleys and tender streams;

trees that bloomed as forests,
flowers and grasses that blossomed to crops,
and mighty lands and waters.

Creatures gave and were given birth
to crawl and walk as they grew,
to swim and fly, and fight unto death,

while other beings waxed eternal
in courage, stories, and songs.
And the Creator heard their songs on the wind,

their laughter and tears on the rain,
and was moved to touch the wind and the rain.
But with a touch, the vision was gone.

Once again,
the Creator dwelled in silence and peace,
but without Creation.

And so the Creator said,
Let there be Light....

La Llum

Kunakwat, lowat, nuchink

Fa molt de temps,
el Creador demorava en silenci i en pau,
però sense la Creació.

Aleshores va sorgir una visió que aportava coses ocultes:
un sol i uns estels, una lluna i una Terra,
valls de bon natural i rierols tendres,

arbres que van florir en boscos,
flors i herbes que aflorant es van transformar en conreus,
en terres i aigües poderoses.

Criatures van donar a llum i van rebre el do de néixer
per arrossegar-se i caminar mentre creixien,
per nedar, volar i lluitar fins a la mort,

mentre que altres éssers es tornaven eterns
en coratge, històries i cançons.
I el Creador sentia llurs cançons al vent,

i a la pluja llurs rialles i llàgrimes,
i es commogué tocant el vent i la pluja.
Però amb un toc, la visió s'esvaní.

De bell nou,
el Creador demorava en silenci i en pau,
però sense la Creació.

I per tant el Creador digué
Que existeixi la Llum…

Messiah

How can I feel the boundaries of my land—
How can I know the limits of my earth—
How can I dance in unison-making harmony—
Messiah

He'e'yo!
He'e'yo!

How can we ever come together now—
How can we rekindle lamps of truth—
How can we know our prophets true or false—
Messiah

He'e'yo!
He'e'yo!

Through body and spirit a shaking of the earth
Fills gourds with ash that dusts the pressing hours—
Barriers cannot heal a vanishing people,
But the child of hope will sleep in the House of Glass.

How can new spirit devour the greed—
How can I know myself without you—
How can I know myself—
Messiah

He'e'yo!
He'e'yo!

Messies

Com puc sentir els límits del meu terreny?
Com puc conèixer les fronteres de la meva terra?
Com puc ballar amb la harmonia que crea l'uníson?
Messies.
He'e'yo!
He'e'yo!

I com podem mai ajuntar-nos, ara
I tornar a encendre llums de la veritat
I saber si els nostres profetes són autèntics o falsos?
Messies.
He'e'yo!
He'e'yo!

Traspassant cos i esperit un tremolor de la terra
Omple carabasses amb cendra que escampa pols a les hores apressants.
Les barreres no poden curar un poble que s'esfuma,
Però el nen de l'esperança dormirà a la Casa de Vidre.

Com pot l'esperit nou devorar la cobdícia?
Com em puc conèixer sense Tu?
Com em puc conèixer?
Messies.
He'e'yo!
He'e'yo!

Mother Corn

Standing tall, rising high
above the earth, your golden hair
silken to the touch, as soft with care
we seek to understand your mystery,
Mother Corn—

Nourish as you lead us on,
rooted now where fathers lay,
guide your children whose futures weigh
heavily upon your history,
Mother Corn—

Aloft above the field, your sigh
beneath the force of crackling wind
has sanctified this journey of womankind
that we must follow, in purpose and song,
Mother Corn—

From sign to sign your trails have gone,
as we sing to the rivers and trees we know,
as we taste our joy in the seed we sow,
our love, our lives, may you prolong them,
Mother Corn.

Blat de moro, Mare blat

Et redreces i t'aixeques molt amunt
sobre la terra, sedosos al tacte
els teus cabells d'or; tan suaus amb compte
procurem comprendre el teu misteri,
Mare blat —

Nodreix-nos i condueix-nos endavant,
ja arrelada on jagueren els pares,
guia els infants, car llur futur aclapara
i pesa tant en la teva història,
Mare blat—

El teu sospir enlairat damunt el camp,
davall el vent i la força del seu cruixit,
ha santificat de les dones aquest camí
que hem de seguir, amb propòsit i cant,
Mare blat—

Les teves senderes han anat per signes i senyals,
i quan cantem als rius i als arbres que coneixem,
i quan degustem l'alegria en la llavor que sembrem,
l'amor i la vida, que ens els puguis prolongar,
Mare blat.

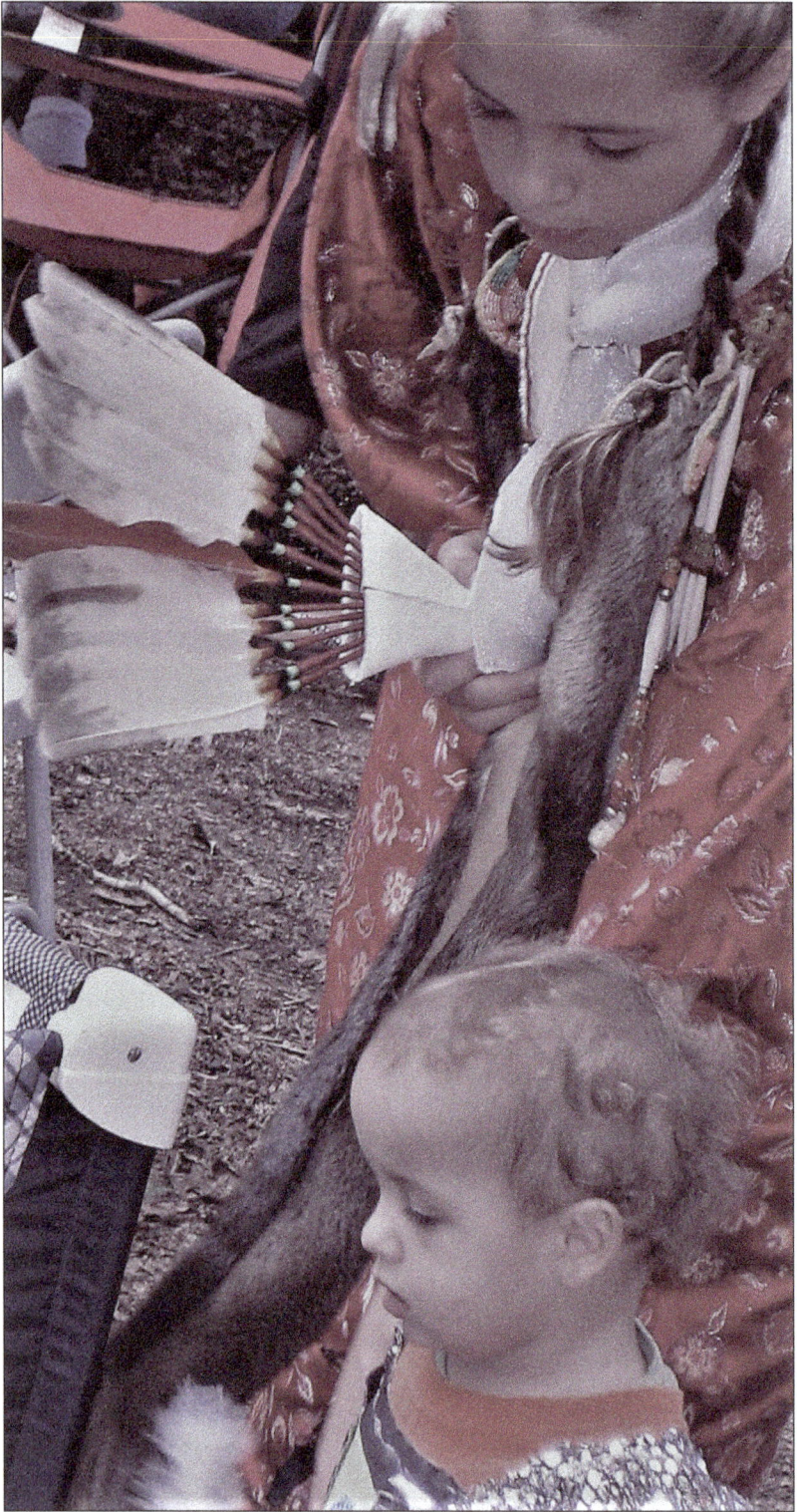

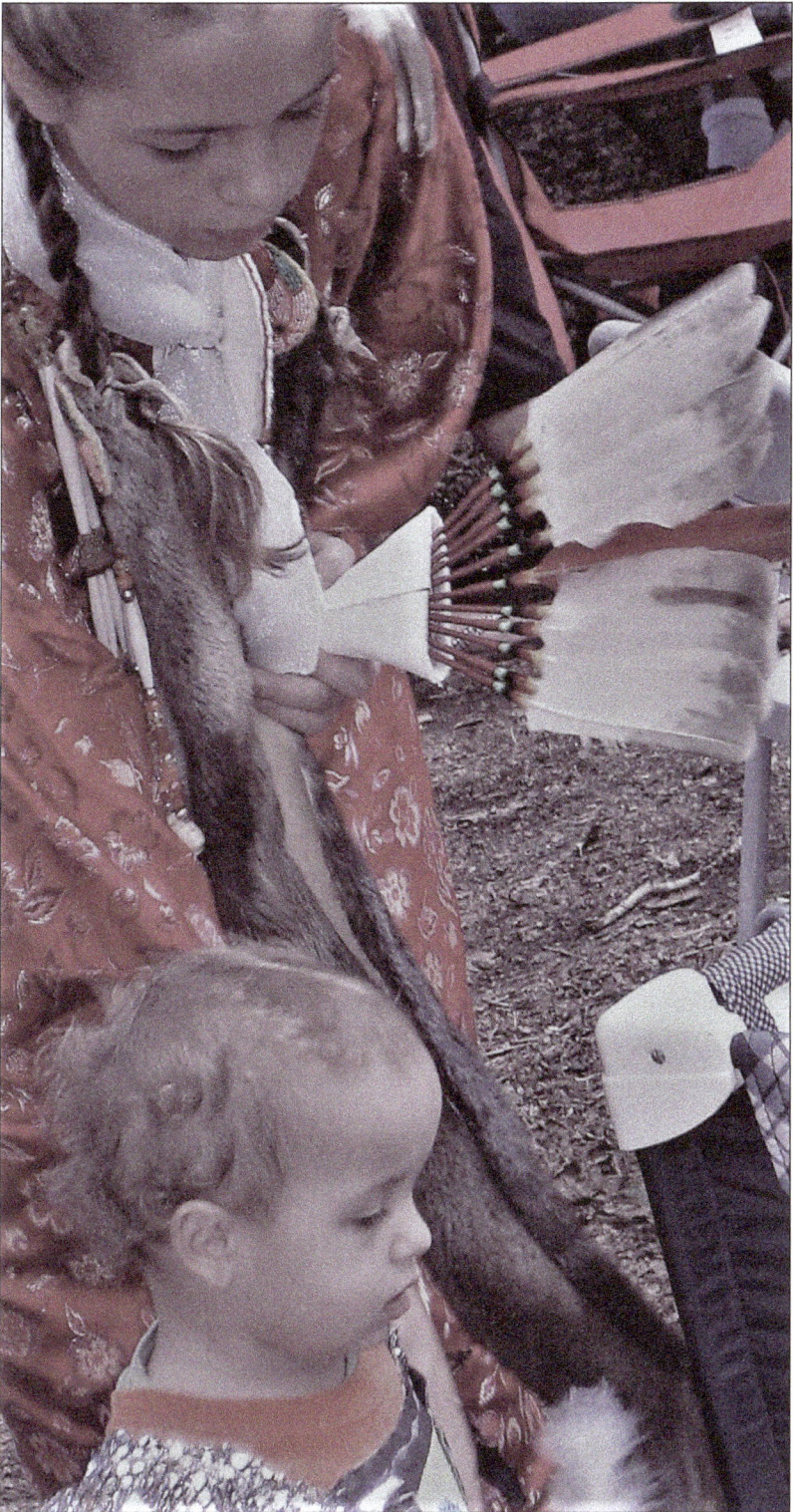

Old Oraibi

Old Oraibi has no stone
To mark the spot where the land grew small,
When soldiers tore at sons and daughters
And families bowed and broken watched—
    Ahi-yo, Ahi-yo

Old Oraibi has no stone
To build the school of grief where children
Learn the hunger they shall need
To please the soldiers of the dusty flag—
    Ahi-yo, Ahi-yo

Old Oraibi has no stone
For the town crier to rest where he cries,
His messages found beneath pottery shards
Where dark tales stain the dust—
    Ahi-yo

        And so the stranger kicks the dog,
        And so he cripples the faithful horse,
        And so he crushes the Savior-God
        That he has brought to the People of Peace.

Old Oraibi has no stone
To seal the shrines, the fourteen *kivas*,
Split and charred like Old Oraibi,
Hating themselves, like Old Oraibi—
    Ahi-yo, Ahi-yo

Oraibi el Vell

Oraibi el Vell no té cap pedra
Per marcar l'indret on el terreny es féu petit,
Quan soldats arrencaren els fills i les filles
I famílies badaren aclaparades, decaigudes—
    Ahiyó, Ahiyó

Oraibi el Vell no té cap pedra
Per construir l'escola de pena on els infants
Aprenen la fam que els farà falta
Per complaure els soldats de la bandera polsosa—
    Ahiyó, Ahiyó

Oraibi el Vell no té cap pedra
Perquè descansi el pregoner on crida i plora,
Els seus missatges trobats sota trossos de terrissa
On negres contes embruten la pols—
    Ahiyó.

      De manera que l'estrany dóna cops de peu al gos,
      I així esguerra el cavall fidel,
      I així trepitja el Déu Salvador,
      El que va portar al Poble de la Pau.

Oraibi el Vell no té cap pedra
Per cloure els santuaris, les catorze *kivas*,
Clivellades i socarrades com Oraibi el Vell,
Que s'odien ells mateixos, com Oraibi el Vell—
    Ahiyó, Ahiyó

Pony Man

Our woven locks of windblown mane and feathered hair
attune our interwoven lives to a single flow.
Two souls as one, we fly over sweet and rocky meadows
like the flocks above in focal harmony.
You-of-the-Hunted-Herd and I-of-the-Hunters,
we create as we discover our language of brothers—
    Iyuptála: One-with-each-other.

If I taste the waters for you,
then guard the watering place
and watch while you take your fill,
will you catch me when I fall?

If I show you my body's words,
then bring you to sleep in the dry
and soft quiet of family,
will you share my trust, my breath?

If I hand you the pasture, hand-graze
with you in your world, just to know it,
may I rest my eyes on your brow
when the stream of faith overflows?

What you are is the smallest part of Who you are—
how you play and rest, how you watch and are watched,
how you celebrate with me the new spring grass.
And having chased the sun around the world,
You-of-the-Hunted-Herd and I-of-the-Hunters
will long discover, as we create, our language of brothers—
    Iyuptála: One-with-each-other.

El Cavaller Poni

Amb flocs teixits de crinera al vent i de cabellera emplomallada,
les nostres vides entreteixides harmonitzen en un sol corrent.
Dues ànimes unides, sobrevolem prats dolços, prats rocallosos
com els esbarts d'ocells amunt, en harmonia d'enfocament.
Tu del Ramat Caçat i Jo dels Caçadors
creem alhora que descobrim la nostra llengua de germanor.
   Iyuptála: Som un, l'un amb l'altre.

Si et faig el tast de les aigües,
i si et faig guàrdia de l'abeurador després,
vigilant fins que no pots beure més,
quan caic, m'agafaràs?

Si t'ensenyo els mots del meu cos,
i després et porto a dormir
a la quietud seca i suau de la família,
compartiràs la meva confiança, la meva respiració?

Si t'atanso la pastura, si amb la mà te la dono,
prenent part al teu món, només per conèixer-lo,
em permets descansar els meus ulls al teu front
quan el corrent de la fe es desborda?

Allò que ets és la part més petita de qui ets,
com jugues i descanses, com observes i estàs observat,
com celebres, amb mi, l'herba nova de primavera.
I havent corregut darrera del sol, al voltant del món,
Tu del Ramat Caçat i Jo dels Caçadors
molta estona descobrirem, alhora que creem, la nostra llengua de germanor.
   Iyuptála: Som un, l'un amb l'altre.

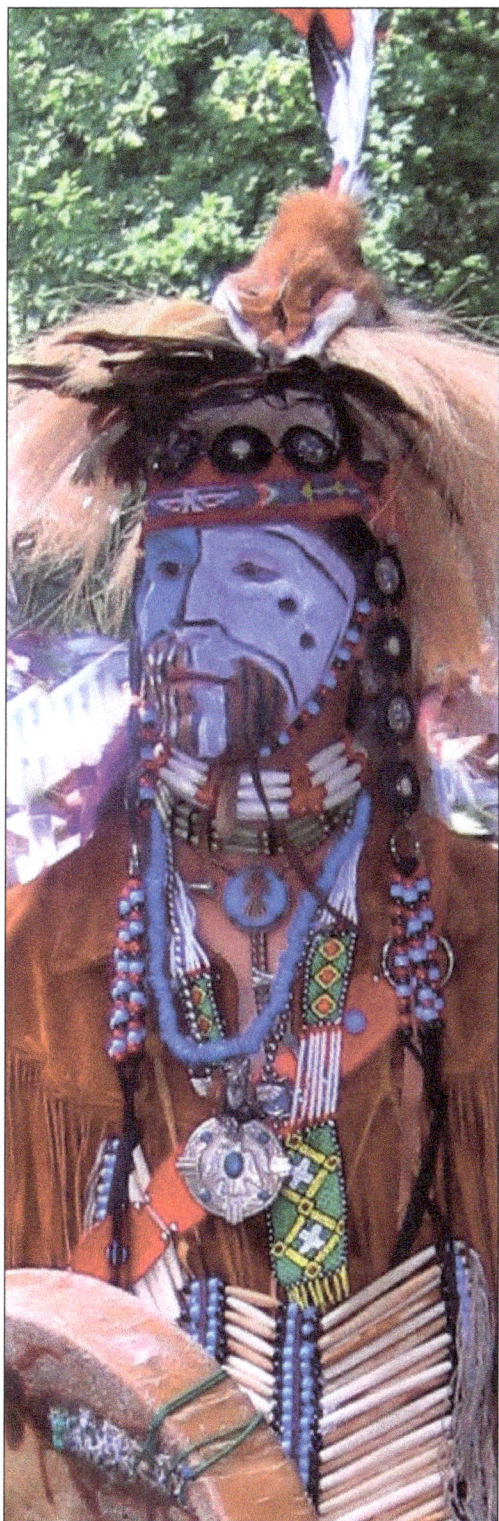

Stepping Stones

In the order of Creation lie the stones,
stepping stones that join one life to lives,
crossing the trampled earth from sun to sun
like a reflexion in the skin of humankind.

No darkening descent from lofty slopes,
nor loss to the depths of wrong, to the black ravine.
No rising to a realm of worthier fire,
nor less the worth of one's own share of fire:

All color quickens in the light of night and day,
and rises to song as blue as the sky abode,
as red as the paths of breath and the paths of blood,
as white as the moon, green as the living food.

Though stones may turn to lava, the trail remains—
a way across, from man to beast, and back.

La passera

En l'ordre de la Creació romanen les pedres,
una passera que uneix una vida a les vides,
travessant la terra trepitjada de sol a sol
com un reflex en la pell de la humanitat.

No hi ha cap baixada que s'enfosqueix pel pendent grandiós,
ni cap pèrdua al tort pregon, al barranc negre.
No hi ha cap pujada al regne d'un foc més digne,
ni té menys valor la pròpia part del foc.

Tot color es reanima a la llum, nit i dia,
i s'alça al cant tan blau com l'estança celestial,
tan vermell com els senders de l'alè i de la sang,
tan blanc com la lluna, tan verd com l'aliment viu.

Malgrat que les pedres esdevinguin lava, roman la sendera,
un camí d'anada i tornada, de l'home a la bèstia.

Stream

I sit down beside her,
stream that carries me
to another corner of time.
She carries my separate longing
as I become another,
as paths of water carve their way
along my body,
beneath this mountain
and far beyond.

Resting in the slope shadow,
I become Stream
carrying myself along.
I cannot be hard for war.
I cannot be hard for love.
I am spirit warm to the touch
in this place of dawning miracles,
beneath this mountain
and far beyond.

Yesterday, now, and tomorrow
hold the shape of a single moment,
and the moment stalks my spirit.
Soon to be a mighty river, I
sit beside myself, spangled stream
that prances to a beckoning valley,
through rippling hills of moment,
beneath this mountain
and far beyond.

Rierada

M'assec al seu costat,
riera que em porta
a un altre racó del temps.
Ella s'enduu el meu anhel separat
alhora que esdevinc un altre,
mentre viaranys d'aigua s'obren camí
pel meu cos,
davall d'aquesta muntanya
i molt més enllà.

Reposant a l'ombra de la vessant
esdevinc Rierada,
i m'enduc jo mateix.
No em puc endurir per la guerra.
No em puc endurir per l'amor.
Sóc esperit calent al tacte
en aquest lloc de miracles naixents,
davall d'aquesta muntanya
i molt més enllà.

Ahir, ara i demà
mantenen la forma d'un sol moment,
i el moment em persegueix l'esperit.
Aviat un riu majestuós i potent, jo
sec al meu costat, rierada de lluentons
que fa cabrioles cap a una vall que crida fent signes
per turons ondulosos del moment,
davall d'aquesta muntanya
i molt més enllà.

The Dreamcatcher

Old man on the Great Plains,
Once a warrior now a child,
Toys with a willow hoop—
And the Great Teacher Iktomi,
Now the Spider Iktomi,
Approaches with a purpose
Under Heaven.

And he speaks, as a spider
Might speak who would teach us
About cycles and passings—
From the infant to the child,
From the adult to the elder,
From the elder to the infant,
And beyond.

And he fills the willow circle
With his web, spinning words
About good things and bad—
How at each stage of life
There are right paths and wrong,
And a right choice to follow,
The Great Spirit.

With your face to the Creator
The web of life will carry
Your good dreams along—
And the nightmares that burn up
Can no longer hurt you.
For the children, make good use
Of your dreams.

L'atrapasomnis

Un vell a les Grans Planures,
abans guerrer, i ara nen,
fa rodar un cèrcol de salze—
i el Gran Mestre Iktomi,
ara l'Aranya Iktomi,
s'apropa amb un propòsit
sota el Cel.

I parla com podria parlar
una aranya que ens vol ensenyar
sobre cicles i traspassos—
del nadó al nen,
de l'adult al vell,
del vell a la criatura,
i més enllà.

I omple el cèrcol de salze
amb la seva teranyina, filant mots
sobre coses bones i dolentes—
com en cada època de la vida
hi ha camins més bons i altres erronis,
i una elecció correcta a seguir,
el Gran Esperit.

En girar la cara al Creador
la teranyina de vida
us portarà els bons somnis.
I els malsons que es cremen
ja no us poden fer mal.
Pels nens, feu bon ús
dels vostres somnis.

The Eagle and The Condor

Delivered to the heights,
the Eagle spreads his wings,
soars on high to mark his prey
and astound with earthly force.

> Delivered to the heights,
> the Condor spreads her wings,
> conjures wonder in magic circles
> that embrace all lands and shores.

Patrolling acrobat,
he feasts in plundering haste,
among competing predators,
foragers, and feeders.

> Caring, nursing mother,
> she welcomes tomorrow-souls,
> amid incantations of holy priests,
> soothsayers, and seers.

He is mind and courage and industry;
and titan wings caress the wind
to stoke the fiery ritual of combat
unfettered.

> She is heart and earth and passion;
> and titan wings will not be folded
> till all mankind can see the dawn depart
> together.

Beyond our time of healing and transformation
when the Eagle and the Condor fly as one
where the dawn is more than light
every human step unveils
a prophecy of change
that leaves behind
this waking
dream

.

L'àliga i el còndor

Lliurat a les altures,
l'Àliga mascle desplega les seves ales,
plana a dalt, es fixa en la presa
i l'esbalaeix amb força terrestre.

> Liurada a les altures,
> el Còndor femella desplega les seves ales,
> conjura prodigis donant voltes màgiques
> que abracen tota terra, tota ribera.

Acròbata de patrulla,
Ell s'alimenta de pressa, es regala pillant,
en competència amb rapaços
farratjadors i carronyers.

> Mare amanyagadora i nodrissera,
> Ella acull les ànimes del demà
> enmig de conjurs de sacerdots sants,
> conjurs d'endevins i vidents.

Ell és esperit que raona, coratge, indústria;
i ales titàniques acaronen el vent
per carregar el ritual ardent de combat
sense traves.

> Ella és cor i terra i passió;
> i ales titàniques no es plegaran
> fins que els éssers humans puguin veure sortir l'aurora
> tots plegats.

Més enllà de la nostra època de guariment i transformació
quan l'Àliga mascle i el Còndor femella volaran l'un amb l'altre,
on l'aurora ultrapassa la llum
tot pas humà descobreix
una profecia de canvi
que deixa endarrere
aquest somni
desvetllat

.

The Great Flood

In the First Creation, the Spirit Beings
Rock and Fire, Wind and Water,
were Powers to help the Creator, Powers
to make Earth and Moon, Sun and Stars—
Creation, woven to a harmony of laws,
in circles of birth and growth and death,
a gift of the One Great Spirit, Creator,
whose laws spin the workings of Powers and Beings.

When Grandmother Moon grew lonely in the dark,
Grandfather Thunder was given to Earth,
and through them humankind was conceived
of Moon and of Thunder, the last of Creation.
When Grandmother Moon was delivered unto spirit
her body remained to guide and to watch,
a sign of lasting love, lighting paths,
a sign of lasting faith, lighting dreams.

> But there came a time of blood and corruption—
> the corruption of violence fouling the Earth—

And the giant toad called the Water Keeper,
who could start and stop the rains with his will,
quarreled then battled with the covetous Serpent,
with the Hornèd Serpent jealous of waters.
Fury shook Earth and Sky, and their blood
spilled beneath winds rending heavens and seas.
But when Serpent slew Keeper, Creator sent Thunder's own
arrows of lightning to temper the storm.

The waters rose, and a Father of Man
called Nanapush sought to rise above
the raging currents that swallowed the Earth.
Nanapush, the Pure and Strong,
bounded up to the tallest peak,
scaled the heights with a silent cry
that summoned all creatures; eyes white with terror,
they climbed and climbed, as the waters rose.

El Diluvi

A la Primera Creació, els Esperits,
Roca, Foc, Vent i Aigua,
foren Potències per ajudar el Creador
a crear la Terra, la Lluna, el Sol, els Estels—
una creació entreteixida amb una harmonia de lleis
en cicles de naixença, creixement i mort,
un do de l'Únic Gran Esperit Creador
amb lleis que fan obrar Potències i Éssers.

Quan l'Àvia Lluna se sentia sola en la fosca
es va regalar l'Àvi Tro a la Terra,
i per ells la humanitat fou concebuda,
de Lluna i Tro, a la fi de la Creació.
Quan l'Àvia Lluna traspassà en esperit,
el seu cos va romandre per guiar i vigilar,
senyal d'amor perdurable, il·luminant camins,
senyal de fe perdurable, il·luminant somnis.

Però va arribar l'època de sang i corrupció—
la corrupció de la violència que empestava la Terra—

I el gripau gegant anomenat el Guardaaigües
que donava i parava la pluja amb sa voluntat,
es barallà i batallà amb el Serpent cobdiciós,
el Serpent Banyut, gelós de les aigües.
La fúria sacsejà terra i cel, i llur sang
fou vessada sota vents que fendiren cel i mar.
El Serpent matà el Guarda, i Creador amb el Tro
enviaren fletxes de llamps per temperar la tempesta.

Ascendiren les aigües, i un Pare de l'home
anomenat Nanapush intentà elevar-se
per damunt dels torrents que engolíen la terra.
Nanapush el Pur i el Poderós,
va saltar cap al cim més elevat;
escalant les altures amb un crit silenciós,
féu venir les criatures; ulls blancs de terror,
pujaven, pujaven, amb les aigües pujaven.

And Nanapush sang above the torrents—
sang to a lone cedar tree at the summit—

The tree, filled with longing, reached through the mists,
grew, that all creatures might climb it together.
But as Nanapush nestled and prodded them on,
he grew tired of singing over careless wild forces,
over warrior forces howling all round.
So he tucked small branches under his belt,
then cast the branches onto the water.
And powers of spirit fashioned a raft.

Upon this largest and strongest of rafts,
Nanapush and all of his creatures were saved.

With waters at peace, he sent four creatures
far below to raise soil from the depths
of a world submerged in dark oblivion,
to plant the seed of the Old in the New.
Loon and Otter and Beaver returned
floating lifeless to the waves, and were reborn;
only Muskrat found earth, and so was promised
to rise eternal, through hate and scorn.

I sobre els torrents va cantar Nanapush—
va cantar a un cedre solitari al cimadal—

L'arbre, ple d'anhel, s'allargà dins la boira,
cresqué, i les criatures s'hi enfilaven plegades.
Nanapush, que les anava empenyent cap amunt,
es cansà de cantar per sobre un caos insensible,
sobre forces de guerra que bramaven a l'entorn.
Per això es ficà al cinturó unes branquetes,
i després va llençar les branques a l'aigua
on les potencies d'esperit van formar una balsa.

Damunt aquesta balsa, de les més grans i resistents,
se salvaren Nanapush i totes les criatures.

Amb les aigües en pau, Nanapush féu anar
quatre criatures a alçar terra del fons
d'un món caigut en la foscor de l'oblit,
per sembrar la llavor del Vell en el Nou.
Calàbria i Llúdria i Castor van tornar
flotant sense vida a l'onatge i van renéixer.
Però havent trobat terra tan sols Rata mesquera
assolí la promesa de fortalesa eterna.

After the Flood

Pools of life, as the waters subside,
Carry cells of a reborn kind—

A sprout arises beyond its nature
Bearing Man, the Lonely Savior—

Lovely and pale, the willow tree
Bends to search for the unseen—

Where willow bows to kiss the earth,
Woman ascends, of shimmering birth—

Garden creatures tend to their needs,
Dance of the butterfly, honey of bees—

Song of the bird, milk of the beast,
Only the dog must wait till they sleep—

With little to offer, he lays at their side
His own gift of love for humankind.

Després del Diluvi

Bassals de vida, quan minven les aigües
Duen cel·lules nascudes d'un altre caire—

Ultrapassant sa natura, un brot sorgeix
I l'Home, Solitari Salvador, es produeix—

El salze es doblega, bell i esblanqueït
Busca coses ocultes i secrets inadvertits—

On el salze s'inclina, per besar la terra
Ascendeix la Dona, de naixença trèmula—

Criatures del jardí els porten allò que cal,
Dansa de papallona, de l'abella la mel—

La cançó de l'ocell, de la bèstia la llet,
Ha d'esperar que dormin tan sols el gosset—

Amb tan poc per oferir, jeu posant a llur costat
El regal del seu amor per a la humanitat.

The Handsome Weaver

Hanging in the room, beneath the gray adobe,
the Handsome Weaver's loom wove *mantas* for the lovely
women of the *pueblo*.
> *Shú-nah, shú-nah—Find her, find her—*
> *There—and away.*

Opulent his life, a dipping-gourd of pearl,
yet no wish to take a wife; he loved them all that were
the women of the *pueblo*.
> *Shú-nah, shú-nah—Find her.*

Coy the dimpled maidens that passed his door each day,
their gifts of buckskin laden with dancing fringe that sang,
> *See how we will love you.*
> *Shú-nah!*

And the tender Maiden Moon guarded dreams of the Handsome Weaver;
her one-eyed beauty shone thru the quiet love within her
for the Weaver of the *pueblo*.
> *Find her! Shú-nah!*

For her gift of food, he loved her,
but as passions brewed, they shunned her,
the Corn-Maidens of the Evil Road,
> *You are she—*
> *you are she.*

Come see your beauty! —with smiles that fell,
they beckoned the Moon to a watery well,
and admiring her own grace,
> she drowned
> *There—and away.*

And the Weaver sought his bride, beyond the gray adobe—
His mournful magic cried, *Return, return O Lovely
Moon, or the pueblo will die!*
> *Shú-nah, shú-nah! Find her!*
> *Aí-ay-ay, aí-ay-ay!*
> *There—*
> *and away.*

El Bell Teixidor

Penjat a la cambra, sota la tova grisa,
el teler del Bell Teixidor feia *mantas* per a les boniques
dones del *pueblo*.

> *Xú-nah, xú-nah—Cerca-la, cerca-la—*
> *Allà—i fora.*

Vivia en opulència, amb carabassot de perla,
sens cap desig de casar-se, les estimava totes,
les dones del *pueblo*.

> *Xú-nah, xú-nah—Cerca-la.*

Cara clotuda, coquetones donzelles li passaven per la porta,
portant obsequis de pell de cèrvol amb serrell que ballava i cantava.

> *Mira com t'estimarem.*
> *Xú-nah!*

I la tendra Donzella Lluna guardava somnis del Bell Teixidor;
sa bellesa bòrnia brillava a través de l'amor quiet que sentia
pel Teixidor del *pueblo*.

> *Cerca-la! Xú-nah!*

Pels obsequis d'aliments de la Lluna, el Teixidor l'estimava,
però com bullien les passions, menyspreant-la se'n allunyaven,
les Donzelles Espigues del Camí del Mal.

> *Aquella, ets tu—*
> *ella, ets tu.*

Amb somriures caiguts digueren—Vine a veure't bella,
i feren signes a la Lluna perquè s'acostés al pou d'aigua,
i admirant-se la gràcia

> *ella morí ofegada*
> *Allà—i fora.*

I el Teixidor cercava la núvia més enllà de la tova grisa—
la seva màgia fúnebre cridava –*Torna, bella meva,*
Torna Lluna, o el poble es mor!

> *Xú-nah, xú-nah! Cerca-la!*
> *Aí-ai-ai, aí-ai-ai!*
> *Allà—*
> *i fora.*

The Hunter

Autumn blood upon the leaf
flames among the burnished gold,
ascends to an azure heaven tossing
wisps of cloud on the water's face.

A feathered hunter plies the current,
paddles to the beat of a warrior's drum
that he alone is able to hear,
that softly echoes between heart and hand.

Now, again in the circle of time,
the sacred hunting ground will rise
above the riverbank, its treasures
promised for spring and the journey home—
       a hunter's wealth of meat and skins
       promised for the journey home.

———————

Winter's solitary snows
fold about the hunter's camp,
awaken longings for a companion
against the dark and icy cold.

Suddenly magic comes to dwell—
beside a gentle smoldering fire
an unexpected gift, at close
of day, to please the tired hunter.

El caçador

A la fulla sang de la tardor
flameja al mig de l'or brunyit,
ascendeix al cel d'atzur i tira
flocs de núvol a la faç de l'aigua.

Un caçador emplomallat segueix el corrent,
rema al compàs d'un tambor de guerrer
que ell sols és capaç de sentir,
que fa un eco suau entre el cor i la mà.

Ara, de nou en el cercle del temps,
el terreny de caça sagrat sorgirà
per sobre la riba, els seus tresors
promesos per al viatge de primavera, de retorn—
        riquesa de la caça, carn i pells
        promeses per al viatge de retorn.

———————

Les neus solitàries de l'hivern
embolcallen el camp del caçador,
desperten anhels de companyia
contra el fred glaçat i fosc.

De sobte la màgia ve per quedar-se—
a la vora d'un foc tendre i calivós
un regal inesperat s'ofereix, al capvespre,
per mor de complaure el caçador fatigat.

Supper in the bowl, garnished with love,
meat hung to dry and skins set for tanning.
Yet nowhere in the clean-swept lodge
is there a soul to thank for kindness—

      all prepared and served, cleaned and swept,
      but not a soul to thank.

———————

Still memories prey on the hunter's mind—
a smile that has never been seen or exchanged,
a memory of silence never felt, never shared,
a touch recalled, but never bestowed.

Six days of magic, till on the seventh
animal tracks have been pressed in the snow,
where a trail tells the passing of the gentlest doe
and a feeling of loss returned to the woods.

Standing, eyes transfixing the trail,
the hunter looks on as bright colors fade,
until eyes and ears are reborn to change,
and all that remains are the deepest traces

      of a great stag running after his doe.
      And the bravest of hunters
      has vanished.

El sopar a l'escodella, amanit d'amor,
carn i pells preparades per ressecar i assaonar.
Però enlloc a la cabana de caça escombrada
no hi havia ànima per agrair-li la bondat—
        tot preparat i servit, escombrat, netejat
        però no hi havia ànima per agrair-li.

Tantmateix uns records obsessionen el caçador:
un somriure mai vist ni mai correspost,
la memòria d'un silenci ni sentit ni compartit,
un tocar recordat, però mai oferit.

Sis dies de màgia, fins que al setè
la neu queda solcada de traces d'animal,
on un rastre difon la tendresa d'una daina
i la sensació d'una pèrdua que ha tornat al bosc.

Dempeus, amb els ulls que traspassen el rastre,
el caçador mira com el món perd color,
fins que l'ull i l'orella reneixen canviats,
i tot el que queda són les traces profundes
        d'un gran cèrvol que empaita sa daina.
        I el caçador valentíssim
        s'esvaneix.

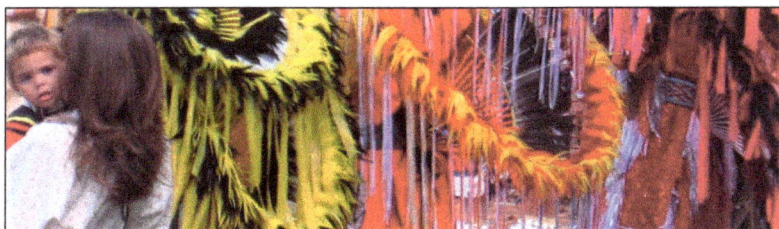

The White Buffalo

Two men walk the savage trail of heat and famine.
They hunt for food where only hope can find them.
Their wooded path is bowered and draped in cloud and mist
as if the Heavens above and Earth below would guide them
to a carnal feast, on the savage trail of heat and famine.

A conjuring cloud now molds the roiling mist to fantasy.
Woman-form breathes life from lines and swirls.
White buckskin grace that floats to walk, she steps more softly
than the mist, feels the hunters' hope, and turns
to cast the beauty of her gaze, calling the mist to fantasy.

The first hunter lowers his eyes; he knows *Wakan*: the Sacred.
The second, caught in lust and raw desire,
awakens a mother's heart that loves her children wisely,
yet awakens a woman's wrath at lustful fire.
She beckons, bids him approach *Wakan*: the Sacred.

And as he approaches, a tower of dust and ash arises
to hide the Sacred and the base profane from view.
When the dust has settled, a mound of bones stand by her.
She has but given the wanton soul his due—
a moment's lifetime of lust where the tower of ash arises.

The first hunter's virtue still rests upon the trail,
wanting to heal the lifeless path between them.
And through the virtuous hunter, she offers to his people
a sacred pipe that he might share among them—
with Seven Prayers, before the Sins and Wonders on the trail.

—Return to your people, tell them I am coming—
And as she leaves, she turns and turns again,
each time she paints the colors of humankind, until at last
she stands, white bison of the plains, White Buffalo Woman,
against the darkest times, an omen and a promise:
—Return to your people, and tell them I am coming.

El Búfal Blanc

Dos homes van pel camí salvatge de calor i de fam.
Van a la caça d'aliment on els troba tan sols l'esperança.
L'emparrat del camí boscós s'embolcalla de núvol i de boira
com si els guiaven el Cel a dalt i la Terra a baix
a un tiberi carnal pel camí salvatge de calor i de fam.

Afaiçonant la turbulenta boira, un núvol conjura amb fantasia.
Una forma de dona respira vida entre raigs i remolins.
Pell de cérvol que flota blanca i bella, amb passos més suaus
que la boira, ella sent l'esperança del caçador, i gira
per oferir la bellesa de sa mirada, invocant la boira amb fantasia.

El primer caçador abaixa els ulls, coneix *Wakan*: allò Sagrat.
El segon, atrapat en luxúria i desig lasciu,
desperta un cor de mare que estima la mainada amb saviesa,
així i tot desperta una ira de dona contra el foc lasciu.
Li fa signes perquè s'apropi a *Wakan*: allò Sagrat.

I quan s'apropa, s'alça una torre de pols i cendra
per amagar de la vista allò Sagrat i allò vil i profà.
En reposar-se la pols, un munt d'ossos queda al costat de la dona.
Només ha donat el que es mereix a l'ànima impúdica—
tota una vida en un moment de luxúria, on sorgeix la torre de cendra.

La virtut del primer caçador encara resta pel camí,
volent guarir el camí de la mort entre ells.
I a través del caçador virtuós, ella ofereix al seu poble
una pipa sagrada, per compartir-la entre ells—
amb Set Pregàries davant dels Pecats i les Meravelles del camí.

—*Torna al teu poble, avisa'ls que m'acosto*—
i en marxar ella gira i regira,
pintant cada cop els colors humans, fins que a la fi
queda Blanca Dona Bisó, búfal blanc de praderies
contra els temps més negres, promesa i presagi:
—*Torna al teu poble i avisa'ls que m'acosto.*

Cary Kamarat, nascut a Chicago el 1946, ha treballat molts anys com a mestre i professor de llengües i d'art dramàtic. Després de dedicar-se al teatre a la Universitat Northwestern als Estats Units, va ensenyar a l'Evergreen State College de Washington i al NATO Defense College de Roma. Els seus poemes, fotos, materials didàctics, i articles sobre temes pedagògics han estat publicats en línia i en diverses revistes especialitzades. Ha passat més d'una dècada a Catalunya fent d'intèrpret, traductor, professor d'anglès i cantant. Entre el 2014 i el 2020, ha publicat quatre reculls de poemes i fotos:

Travelwalk: Poems and Images,
Out of Delmarva,
American Legends
Llegendes americanes.

www.ingramcontent.com/pod-product-compliance
Lightning Source LLC
Chambersburg PA
CBHW050019090426
42734CB00021B/3341